你说什么？

沟通与理解之书

[捷克]拉德卡·皮罗 著
[法]夏洛特·莫拉斯 绘
王杰珍 译

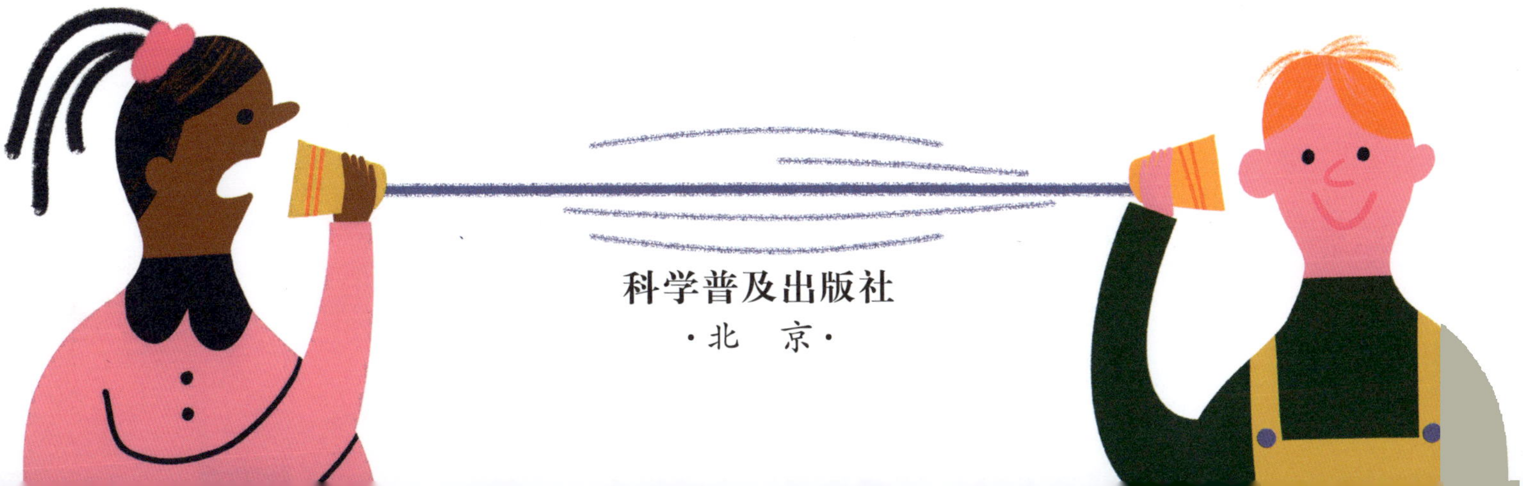

科学普及出版社
·北 京·

沟通是什么？

人际沟通，即我们与他人之间的交流和互动。你或许会认为这是自然而然、无需费力的过程，在某种程度上，确实如此。不过，沟通的过程中需要相互理解，因而往往受到我们自身能力和技巧的影响与限制。正因如此，思考沟通模式，并努力提升相关能力，对我们的生活是有帮助的。现在，就让我们一起踏上这场关于沟通与理解的探索之旅吧！

我们以哪些方式与他人沟通呢？

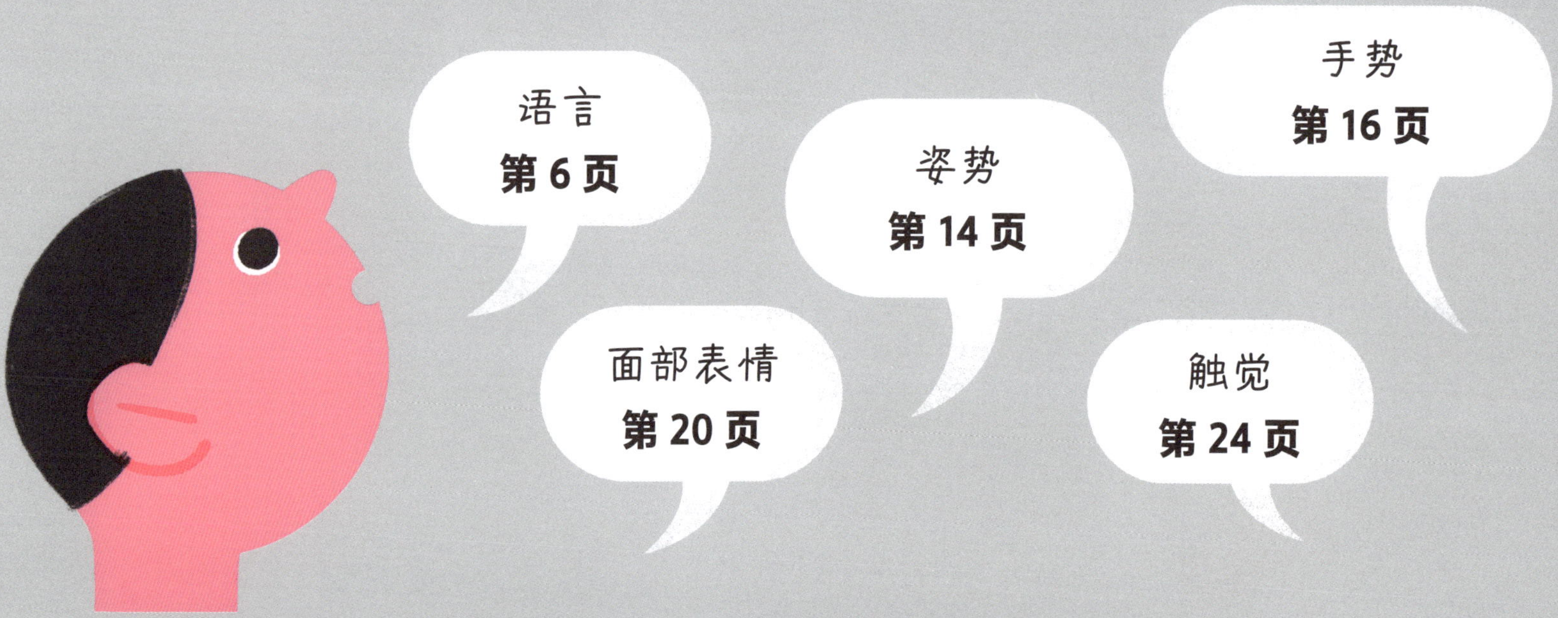

人类还发展出能够远距离传递信息，甚至跨越时空，将信息传递给子孙后代的方法。这些方法是什么呢？

最后，在与他人接触时，我们还需要留心一些细节。这样，我们才能有效地沟通，并更好地理解彼此。

沟通中的安全守则
第 40 页

有用的知识
第 42 页

沟通技巧
第 44 页

人际沟通与我们的生活密不可分。沟通不畅或表达不清可能会导致灾难性的后果，相反，有效的沟通很多时候能为我们传递希望，甚至能拯救生命。因此，我们将了解历史上一些以失败或成功告终的沟通事件。

失败的沟通
第 46 页

成功的沟通
第 47 页

如今，我们还可以借助各种技术来沟通。

大众传播
第 34 页

互联网
第 38 页

电话
第 36 页

沟通与我们

我们是如何从过去……

发展到现在的？

其中一个推动力源于我们的沟通及协作能力。当然，我们当中有些人喜欢宁静和独处，但作为一个物种整体而言，我们是一种乐于沟通的生物。这很可能正是人类智力如此高度发展的原因。

我们的沟通方式影响着周围的人，同时反过来，我们也受到其他人沟通方式的影响。

我们一直在模仿他人的行为，然而大多数情况下，我们并没有意识到这一点。

我们人类拥有一种神奇的细胞，即**镜像神经元**。这些位于我们大脑中的神经细胞使我们能够模仿他人的行为。这一能力极为有用，因为模仿不仅有助于我们学习新知识，还能促进我们与他人建立更紧密的联系。

如何学习沟通

从出生的那一刻起，甚至更早的时候，人类就已经具备沟通能力。在妈妈肚子里时，我们主要通过触觉与妈妈交流。出生后，我们则开始与更多的人进行接触。

玩耍是培养沟通技巧的最佳方式。

	语言发展	社交能力	学习能力
0岁	通过发声和哭泣来表达他们不喜欢某样东西。	能保持眼神交流。父母的抚摩和声音能最有效地安抚他们的情绪。	此时视力尚未发育完全，所以他们对声音和触摸的反应更为敏感。
1岁	开始说出第一个字词。	模仿父母的行为，并使用简单的手势。	能说出常用物品的名称。
2岁	能用简短的句子交流。	能使用更丰富的手势，可以指物；能感知情绪，如：关注到他人哭泣。	能回答简单的问题，并能记住家人的名字。
3岁	能说出更长、更复杂的句子，并能进行简单的对话。	模仿大人和朋友，并开始和其他孩子一起玩耍。	能听从简单的指令，并能识别各种颜色，说出颜色的名字。
5岁	能讲故事，并用语言表达自己的想法和观点。	懂得合作，并想要取悦朋友。	认识简单的文字和数字，并能写出来，会写自己的名字。

语言

人类并非唯一能使用声音来交流的生物。动物也能，它们能够以各种各样的声音进行交流。

蟋蟀用鸣叫来交流。

海豚用呜呜声和哨声来交流。

鸟儿通过歌唱进行交流。

但人类的言语却是独一无二的。

语言是如何产生的

首先，我们从肺部推出空气。空气经过气管向上走，成为发声的动力。人的喉部有一对声带。随着声带肌肉的收缩和放松，声带之间的开口会扩大或是缩小。声带与经过声带开口的空气相互作用，从而产生声音。接下来，我们需要对这个声音进行加工和塑造，把它转变为具体的词语。这个过程被称为**发音**，主要由我们的嘴唇、舌头和口腔顶部协同完成。

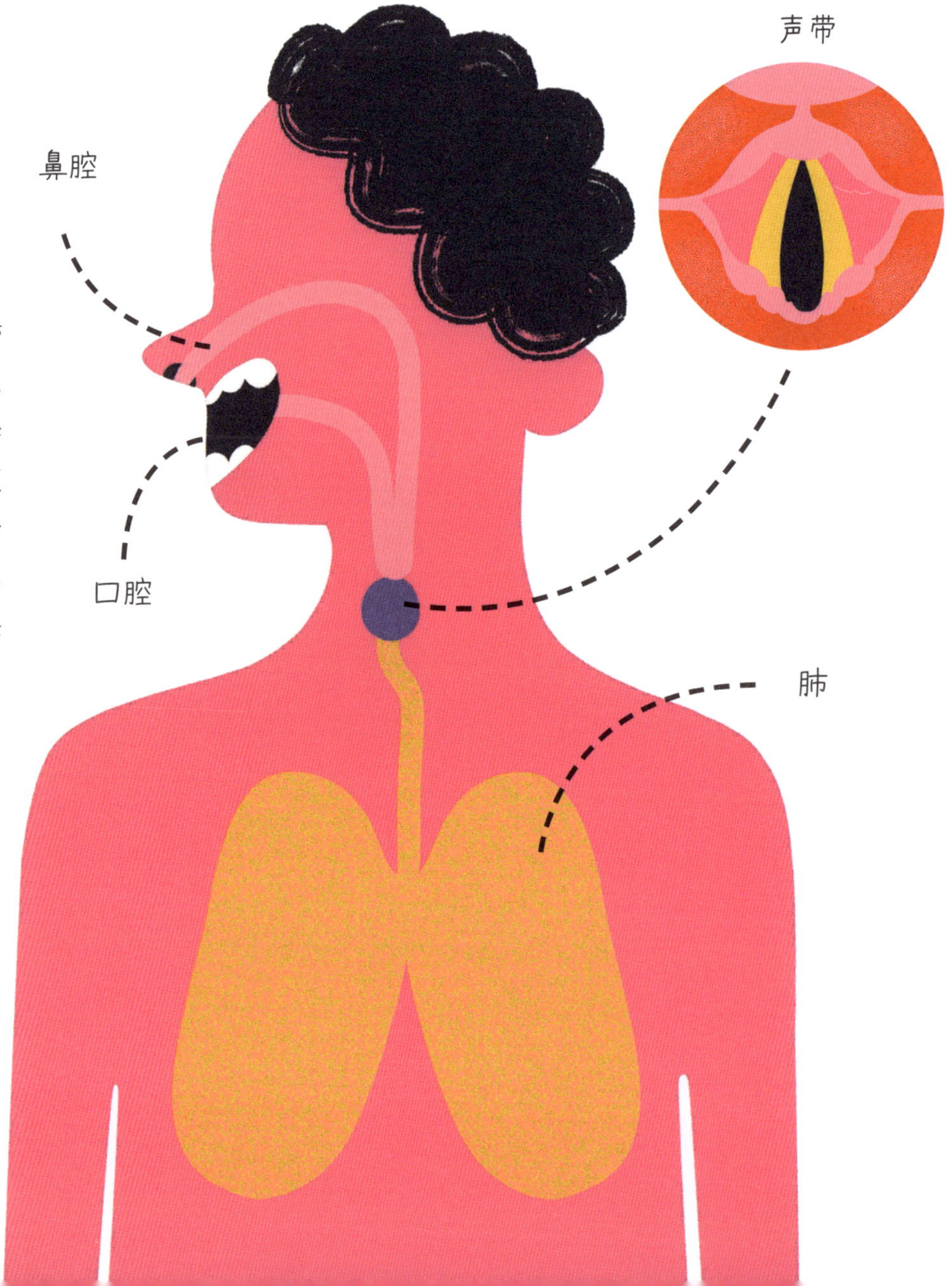

- 这是我们呼气的地方。
- 这是产生声音的地方。
- 这是我们将声音处理成词语的地方。

我们如何理解彼此？

要想与他人沟通，我们首先要能够理解对方的意思。而我们的大脑正好擅长做这件事。当我们听到一个词的开头时，大脑便会迅速产生多种具有可能性的推测。随着听到的词语增多，大脑会不断排除那些不合逻辑的推断，直到最终确定说话者的真实意图。而这一切，大脑竟能在不足一秒钟的时间内完成！

我们用声音做什么？

尖叫　发出声音　讲故事　唱歌　说悄悄话

新词从何而来？

我们所说的语言总在不断变化，它们随着人们的使用而不断发展。不流行的词语会逐渐消失，而新造的词语则会不断涌现。

我们经常会从其他语言中借用词语……

我们也会将已有的词语组合起来创造新的词语……

或者改变已有词语的含义。

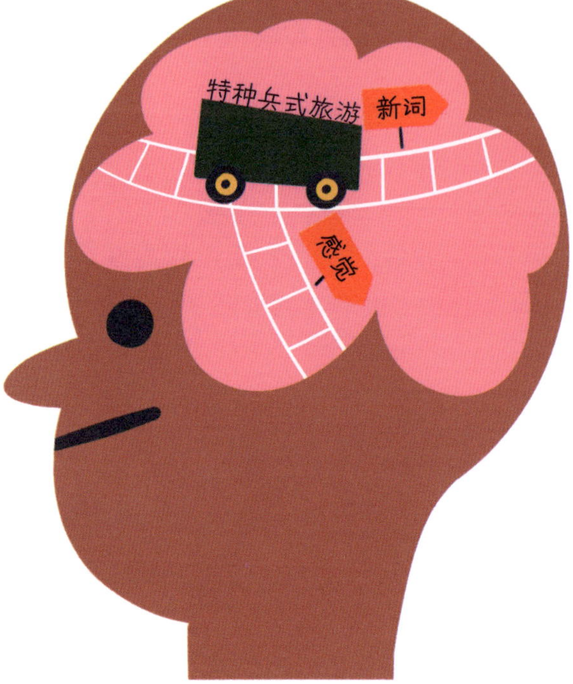

外语

世界上有超过 7000 种不同的语言。当我们学习一门新语言时，我们也在了解使用这种语言的国家的文化，从而对世界有更深的了解。

最初，语言的种类要少得多。但随着人类在世界各地迁徙并定居新地，他们的语言也随之发展、演变。因此，随着时间的推移，我们最终拥有了大量的语言变体。

我们的声音

音量是指我们说话声大或小。

发音、是、指、我们、说出、单个、字词、的、声音。

语调是指我们说话声音的高低起伏。

语速是指我们说话的快慢。

1. 图中其他文字为各种语言的“你好”。——编者注

著名演说家

语言的使用，赋予我们巨大的力量。语言能够取悦或伤害他人，能够改变一个人的观念，甚至能影响历史的发展。语言的艺术，被称为**修辞**。以下几位杰出人物展现出的词语运用与修辞技巧，历久弥新，至今仍为人们所铭记。

我看到了不公正，我为每个女孩受教育的权利发声。

马拉拉·优素福·扎伊（1997— ）
最年轻的诺贝尔和平奖得主

朋友们，真正的难事并不是逃避死亡，而是规避不义之举……

苏格拉底（前470—前399）
希腊哲学家

我渴望印度教徒、锡克教徒和穆斯林之间能建立起真诚的友谊。

莫罕达斯·甘地（1869—1948）
印度民族解放运动的领导人

我梦想有一天，我的四个孩子将在一个不是以他们的肤色，而是以他们的品格优劣来评价他们的国度里生活。

马丁·路德·金（1929—1968）
美国黑人民权运动领袖

听

对话不仅是告诉对方，你想让他们知道什么。理解对方在说什么也同样重要。

当我们认真地倾听别人说话时，我们会全神贯注地听对方在讲什么，并观察他们的肢体语言。我们不会对对方妄加评判，而是努力去理解他们。

或倾听？

沉默

沉默是非常有用的。沉默能留给我们时间思考，也能营造紧张气氛。电影和戏剧如果缺少了沉默，便无法发挥其魅力。但你知道吗？沉默其实也是有多种表现形式的。

无须言语的沉默

抚慰人心的沉默

表达愤怒的沉默

尴尬的沉默

给我们思考时间的沉默

无字的故事

既然沉默在交流中占据重要的地位。那么，如果不说话，我们还有哪些方式可以传递信息呢?

事实上，语言只是交流的一部分，它并非最重要的。超过一半的信息，我们其实是通过**非言语交流**，比如我们的身体姿势、面部表情和手势来传达的。

正是因为有非言语交流，我们即便不说话，也能理解彼此。而且我们每个人都具备非言语交流的能力。接下来，让我们看看你能否描述图中讲了什么故事。

如果我们想了解非言语的沟通方式怎样传达信息，可以去看精彩的哑剧表演。

3.
5.
6.
7.
8.

姿势

当我们从远处观察一个人时，只需留意他的站姿，便能大致判断出他的心情。那个人是站得笔直还是弓着背？他的双臂是交叉抱在胸前，还是自然下垂？他抬头看天，还是低头沉思？通过身体姿势，我们不自觉地传达出许多不同的情绪。

人与人之间的距离

我们的身体姿势固然重要，但交流过程中，我们与他人的距离也同样不可忽视。有时我们会使用“亲近的人”这样的说法，并非没有根据。我们往往会让心爱的人靠近我们，而对于初次见面的人，我们会保持一定的距离。

不同的人，不同的距离

每个人都有自己的**个人空间**。这个空间，决定了我们愿意让别人靠近的距离。

每个人的个人空间大小，以及交流中与他人的距离，都不尽相同，这并没有对错之分。大体而言，它看起来可能像这样：

有人可能无意中站得离你太近，进入了你的个人空间，让你感到有些不自在。这时你可以说出你的想法：

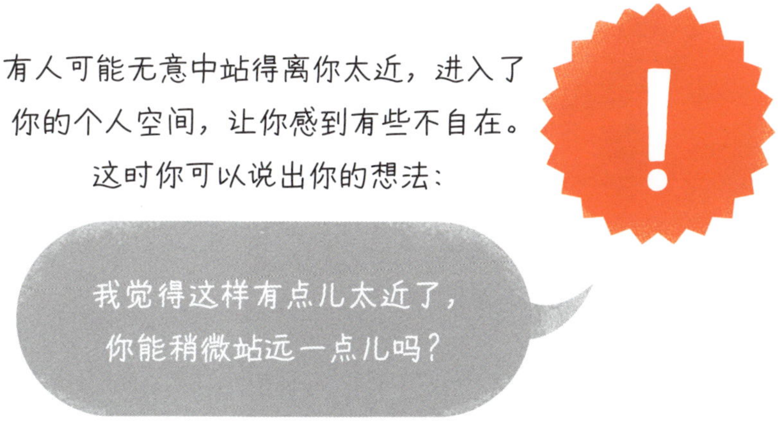

手势

在非言语交流时我们可以使用手势，不仅如此，平时说话我们也总是带有各种手势。这是为什么呢？手势为何如此重要？

手势可以强化部分信息，突出重点。

当沟通存在语言障碍时，手势能帮助我们进行沟通。

美国手语中表示“谢谢”的手势动作。

手势对于我们学习新知识也非常有帮助。

和口语一样，手语也不是全球通用的。不同的国家有不同的手语。

露出你的双手

自古以来，看清对方双手是件非常重要的事。在古代，我们需要判断对方是否拿有武器。而在现代社会，当看到有人将双手藏在背后时，我们也会不自觉地感到一丝不安，忍不住好奇他们的手在背后做什么。

广为人知的手势

不同的国家或群体对于同一个手势可能会有不一样的理解。在某个地区普遍使用的手势，在另一个地区使用时可能会冒犯到别人。

竖起大拇指
“我喜欢”

大拇指朝下
“我不喜欢”

手指放在嘴唇上
“嘘，安静！”

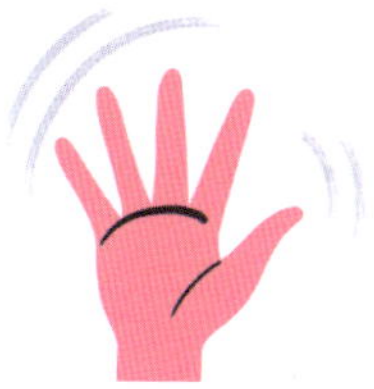

挥手
“你好！”

掌心向前
对着他人
“停！”

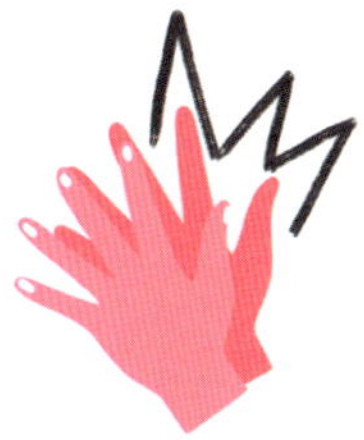

鼓掌
“干得好！”

食指和大拇指
围成圆圈
“好的，没问题！”

将食指勾向自己
“过来！”

1. 竖起大拇指这个手势在潜水运动中代表的含义是“上升”。——编者注

需要注意的事

我们的身体非常聪明，就算并非有意识地去控制，它们也能自如地进行非言语交流。不过，偶尔我们也需要思考一下有可能阻碍相互理解的情形。

当我们的肢体语言与所说的话不一致时，同我们对话的人会感到困惑！

有时候，我们的肢体语言会影响原本语言的分量，或彻底改变我们想表达的意思！

双臂抱胸和双腿交叉的姿态，可能意味着我们不想让对方靠近。

面部表情

说到用表情来交流，我们人类的确是独一无二的。没有哪种动物能像我们这样，用面部表情来传达如此丰富的情感。

我们的面部表情丰富多变，时而笑意盈盈，时而泪眼汪汪，时而眉头紧锁，时而搞怪耍宝，而且远远不止如此。各种不同的表情，透露出我们内心的喜怒哀乐。有些表情是这样的：

这六种情绪是普遍存在的。也就是说，即使是来自其他文化的人也能从你的表情中猜出你的情绪。

面部肌肉

你是否好奇，是什么让我们能随心所欲地改变面部表情，并创造出如此多的变化呢？答案就是我们面部的肌肉。因为有它们，我们才可以在眨眼间就改变表情。

不同面部肌肉到底有什么作用呢？

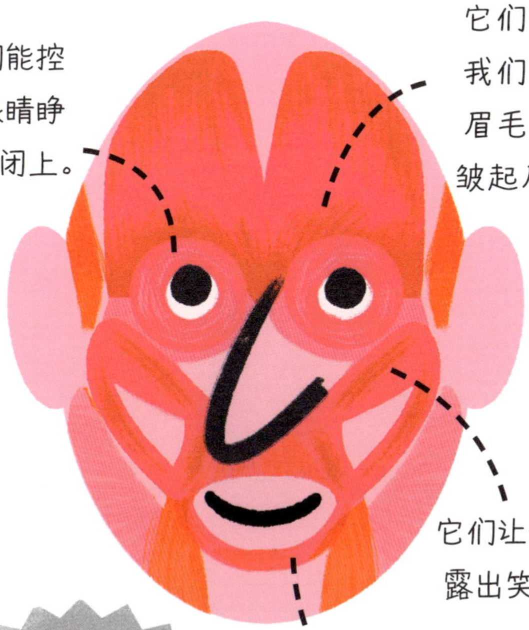

人们展露各种各样的表情来表达情感。

我们会使用哪些面部表情呢？

翻白眼

眨眼

飞吻

挑眉

吐舌头

我们的面部肌肉让我们能够做出不同的表情。试试看，你能做出这些表情吗？

看着我的眼睛

眼神交流在沟通中至关重要。它表明我们对对方的关注与兴趣，并使我们能够读取对方的肢体语言。而且你会发现，那些在交谈中能直视你的眼睛、与你进行眼神交流的人，往往更容易赢得你的信任。但要避免长时间盯着别人看，以免让对方感到不自在。

哭泣

有时候，我们认为哭泣是不好的。但事实上，哭和笑一样，对我们来说都非常有用。

我们哭泣时流出的眼泪，与不小心被戳到眼睛时流的泪是不同的。这些因为情绪而产生的眼泪，能帮助我们平复激动的情绪。

哭泣在交流中扮演着重要的角色。它能让周围的人马上意识到发生了不同寻常的事。

当我们痛快地大哭一场后，常常会感到如释重负。

欢笑

你知道吗？笑声是会传染的。当你看到朋友开怀大笑时，过一会儿，你也会忍不住跟着笑出声。

我们的笑声其实更接近于动物发出的声音，而非我们后来发展出的复杂语言。

笑声不仅能让我们增进彼此的关系，还能让我们心情愉快，身体健康。

虽然每个人的笑声都有细微的不同，但笑声发出的生理过程却是相同的。我们都会反复发出短促的声音，这是肺部空气迅速排出产生的效果。

触觉

触觉，对我们来说是必不可少的，一旦缺失，身心皆会备受折磨。另外，经常性的触摸、拥抱和轻抚能够显著提升我们的幸福感。简而言之，人体喜欢被心爱的人触摸！

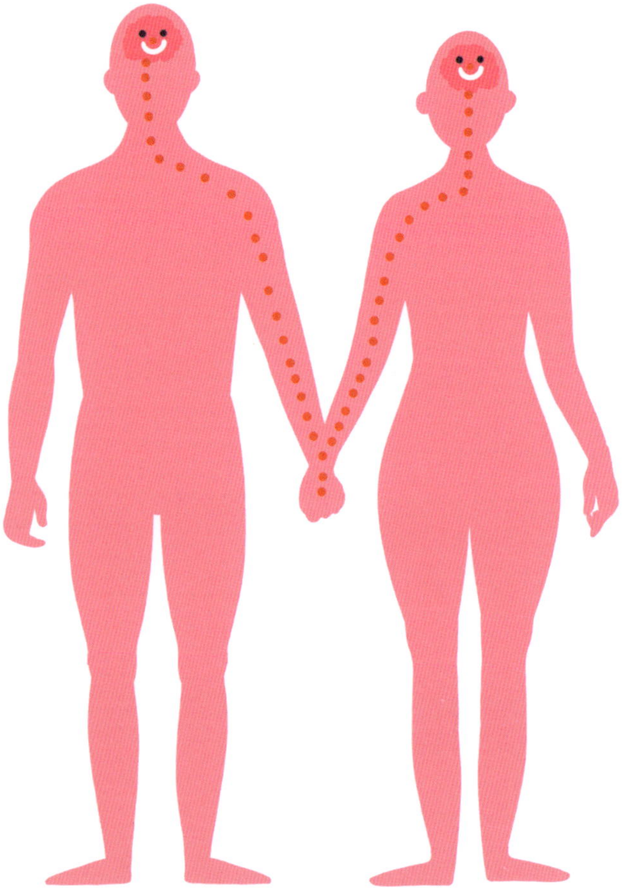

当你与他人触碰的瞬间，大脑会立刻捕捉到来自触碰部位的信号。若这种触碰让我们心生愉悦，大脑就会感到兴奋，促使身体产生一种叫作**催产素**[1]的物质，这种物质会让我们感到快乐和安心。

负责感知触觉的是我们身体的最大器官——皮肤。人体有些部位对触觉格外敏感，比如：

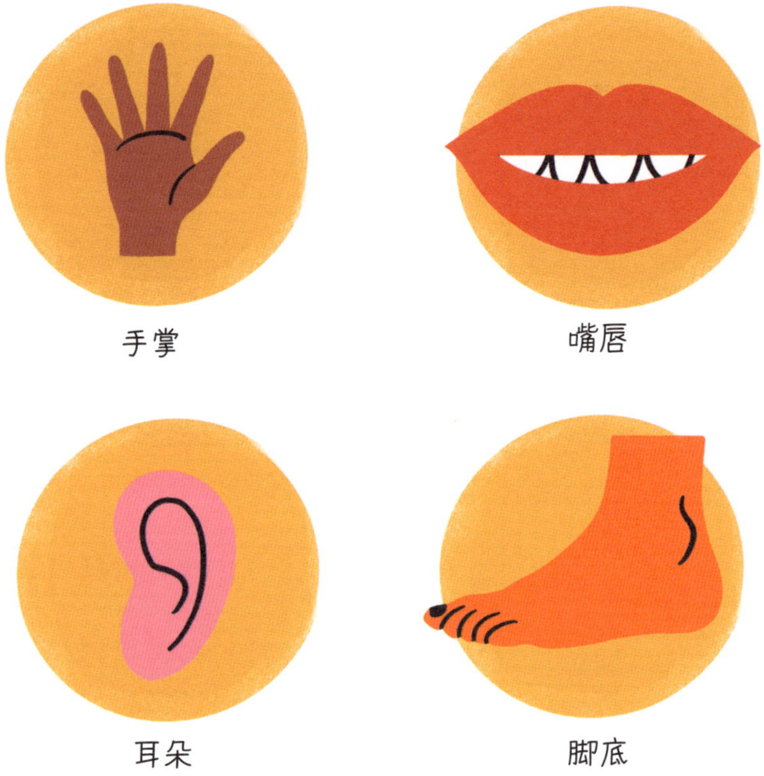

触摸，它既能带来愉悦和舒适，也可能引发不适。同一种触碰方式，对不同的人来说，触发的感受可能有天壤之别。

记住，伤害别人是绝对不可取的！

1. 催产素：人体下丘脑产生、垂体分泌的肽类激素，无论男性还是女性，体内都会产生。——编者注

我们如何触摸

亲吻

“我爱你！”

轻触肩膀

“打扰一下可以吗？”

轻拍后背

“干得好！”

拥抱

“见到你真高兴！”

击掌

“太棒了！”

握手

“很高兴认识你。”

揽肩入怀

“我会陪着你。”

这种通过触摸与人互动的方式，有时被称为“触觉交流”。

通过触摸来阅读

对于有些人而言，触摸可以替代其他交流方式。例如盲人用触摸来阅读**盲文**书籍。在盲文系统中，每个字都是由排列方式不同的小点组成的，这些点凸出于纸张表面，因此盲人可以通过触摸来辨认它们。

沟通至关重要

现在你明白了我们与其他人的交流方式有多么多种多样。但是，你能想象那种完全与世隔绝，无法与任何人建立联系的感觉吗？这样的经历，就曾发生在一个名叫海伦·凯勒的女孩身上。

1870 年，在美国亚拉巴马州，一个名叫海伦的健康小女孩出生了。

海伦只有 19 个月大的时候，不幸感染了一种疾病。虽然她最终康复了，但疾病却夺走了她的视力和听力。

因为海伦听不到别人说话，所以她自己也无法学会说话。她与所有人隔绝，除了触摸，没有任何其他交流方式。她的世界只有黑暗和寂静。

海伦渐渐变得叛逆起来。她知道其他人之间有着她无法理解的交流方式。她只能通过发脾气和伤害他人来宣泄内心的愤怒和无助。

有一天，一位名叫安妮·莎莉文的年轻教师走进了海伦的世界。海伦后来回忆说，这是她一生中最重要的一天。

安妮用她无限的爱心和耐心，向海伦解释着世间万物都有属于它们自己的名字，并通过触摸海伦的手心教她学习字母。

海伦不仅学会了阅读盲文，更奇迹般地学会了说话。而且，当她轻轻地将手放在别人的脸上时，她能够敏锐地感知到他们嘴巴的细微动作，进而理解他们所说的话语。

在安妮的悉心陪伴与指导下，海伦成为第一个从大学毕业的聋盲人。她学习了外语，对文学、历史和数学等多个领域进行了深入研究。

海伦不仅在杂志上发表文章，而且撰写了多部著作。此外，她还多次登上演讲台，积极呼吁社会摒弃对盲人的偏见，反对种族歧视，并为女性争取性别平等发声。

安妮一直陪伴着海伦，直到去世。她用一生帮助海伦感知和理解这个五彩缤纷的世界。

符号

早在文字还未被发明的年代，人类祖先就已经能借助简单的符号来传达各种信息了。人们甚至认为，史前洞穴壁画中便蕴藏着用于交流的、富有深意的符号。

如今，在我们的生活中，到处可见各种图片和标识，它们都在默默地传递着信息。这些符号都指代实际存在的事物或概念。如果你认为这很难想象，那么看看你是否知道下面这些符号代表什么意思：

交通信号灯

危险警告标志

导向箭头标志

旗帜

有些符号和信号只有特定人群才能解读，它们可以用来加密信息。

信号

尽管符号能指代一些事物，但我们很难用符号来传达复杂的信息。因此，人们会借助其他手段，比如信号，其中，最常见的就是光信号和声音信号。

A	•-	N	-•	0	•----
B	-•••	O	---	1	••---
C	-•-•	P	•--•	2	•••--
D	-••	Q	--•-	3	••••-
E	•	R	•-•	4	•••••
F	••-•	S	•••	5	-••••
G	--•	T	-	6	--•••
H	••••	U	••-	7	---••
I	••	V	•••-	8	----•
J	•---	W	•--	9	-----
K	-•-	X	-••-		
L	•-••	Y	-•--		
M	--	Z	--••		

点和划

莫尔斯电码非常适合用来发送信号。在这套电码中，每个英文字母和阿拉伯数字都被巧妙地转换成了一连串的点和划。这样一来，我们就可以发送任何想要传递的信息了。

塞缪尔·莫尔斯
（解密一下他在说什么。）

SOS 信号

SOS 原本是在莫尔斯电码中使用的紧急呼救信号，后来也用于一般的求助或求救。如果你发现自己的生命安全受到威胁，就可以使用这种信号来呼救。因此，掌握它真的非常有用。

文字

最早的文字仅仅是一些简单的图画和符号。慢慢地，这些符号越来越简化，并且不再仅限于指代具体的事物，开始用来描述抽象的概念，直到最终成为如今我们使用的文字。最早的文字主要用于记录财务账目和贸易往来。

文字内容必须真实！

文字的演变

楔形文字、甲骨文、埃及象形文字是保存至今最早的几种文字，其中，楔形文字起源于美索不达米亚文明。当时的人们用芦苇在黏土板上写下了这些文字。

埃及象形文字出现得稍晚一些。最初，这些文字被雕刻在石头上，后来，人们开始在莎草纸上书写。

在进入中世纪后的欧洲，教会是文字传播的主要力量，同时也是教育的推行者。那时，人们常用羽毛笔在薄木板或用动物皮（羊皮或小牛皮）制成的羊皮纸上书写文字。

文字在世界上的不同角落，几乎同时开始独立发展。与此同时，文字也在促进文化的传承与交流。由于有了文字，我们能够将知识传承下去，甚至能跨越千山万水，将信息传递至远方的每一个角落。

正如世界上有不同的语言，同样也存在着不同的文字系统。现今世界上，全球范围内应用广泛的文字系统有拉丁字母系统、汉字系统、阿拉伯字母系统等。

15 世纪中期，约翰·古腾堡发明了**现代印刷术**。这一发明让我们能一次性复制大量内容，可以大规模地印刷书籍。

到了 19 世纪下半叶，人们发明了**打字机**。与手写相比，打字不仅提高了书写速度，而且打印出的文字也更为清晰易读。

如今，我们拥有了各种科技设备，如电脑、手机和平板电脑等，它们能够帮助我们轻松完成大量的书写任务。

古今文字信息对比

信使

留言板

信件

书籍

瓶中信

面对面交流

墙上涂鸦

短信

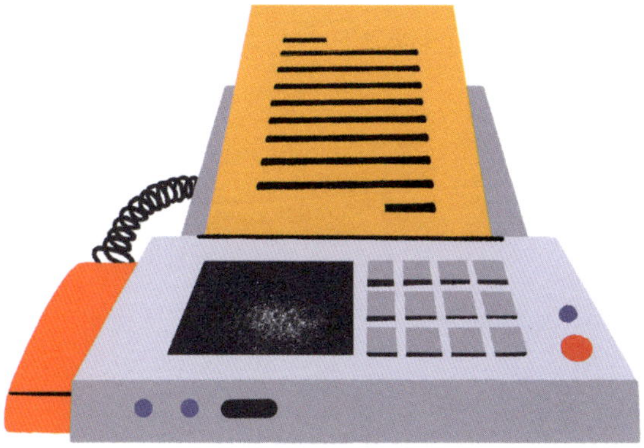

传真

飞鸽传书

路牌

社交网站

报纸

电子邮件

大众传播

在 20 世纪，大众传播领域取得了令人瞩目的发展，信息得以迅速传播给大量受众。起初，人们主要通过无线电广播和印刷报刊来传递消息，随后电视广播应运而生。继而，互联网时代的到来进一步拓展了信息传播的渠道。

1904 年

海伦·凯勒从大学毕业。

（第 27 页）

1906 年

无线电语音广播首次播报。

1908 年

SOS 被国际电信联盟定为国际通用求救信号。

（第 29 页）

1912 年

号称“永不沉没”的“泰坦尼克”号邮轮不幸沉没。

（第 46 页）

1913 年

理查德·普拉茨把一封信装进瓶子扔入大海，希望拾到者能按瓶中信上的地址，把信寄回给他。

1982 年

网络聊天中首次出现了表情符号。

:-)

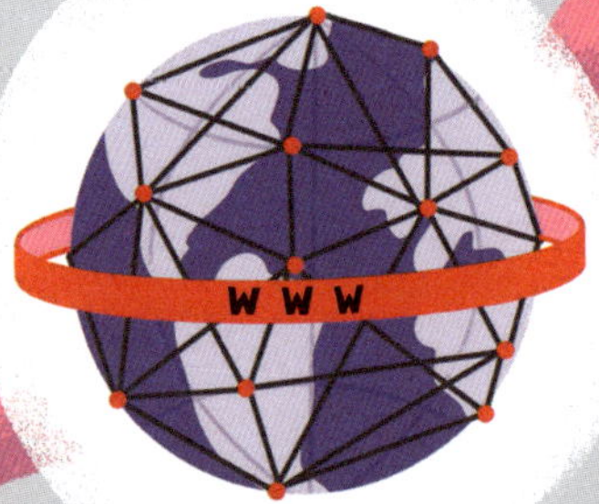

1991 年

万维网正式面世。

（第 38 页）

1992 年

科学家发现了镜像神经元。

（第 4 页）

同年，世界上第一条短信被发送出去。

1997 年

诺贝尔和平奖获得者马拉拉·优素福·扎伊出生。

（第 9 页）

1998 年

谷歌公司成立。

2004 年

社交网站 Facebook 问世。

1914—1918 年

第一次世界大战

1928 年

公共电视广播首次播放。

1936 年

英国广播公司（BBC）推出全球第一个定期播送的电视服务，开播节目包含了一首庆祝新技术诞生的歌曲《电视》。

1939—1945 年

第二次世界大战

1954 年

首款面向大众消费者的彩色电视机投入生产。

1963 年

马丁·路德·金发表了著名的演讲《我有一个梦想》。（第 9 页）

1969 年

人类首次成功登上月球。（第 47 页）

同年，全球互联网的始祖阿帕网诞生。

1971 年

世界上第一封电子邮件被发送出去。

2005 年

视频网站 YouTube 上线。

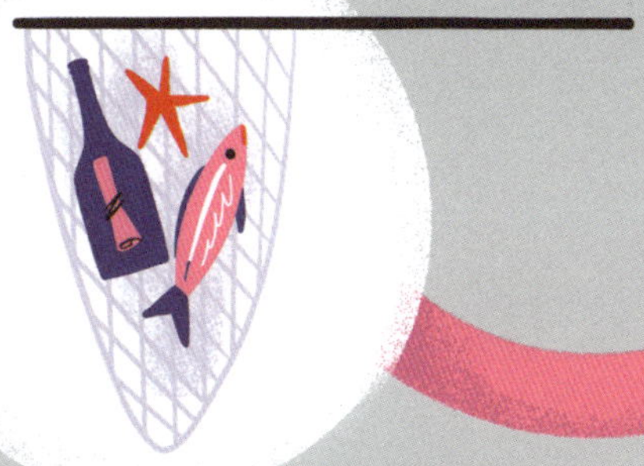

2014 年

理查德·普拉茨投入海中的漂流瓶被发现，瓶子里的信件被拿给了他的孙女看。

2016 年

短视频应用软件抖音上线。

电话

电话让我们的生活变得无比便利。无论身处何处，我们都可以与朋友通话或发送信息。此外，我们还能用手机观看和录制视频，玩游戏，购物，拍照。

关于电话的发明者尚存争议，大多数人认为它是由美国人亚历山大·格拉汉姆·贝尔发明的。但也有人认为，最早的发明者不是贝尔，而是意大利人安东尼奥·梅乌奇。

给朋友打电话时会发生什么？

1.

手机把我们的声音转换成数字信号，以二进制代码 0 和 1 的形式储存，随后以无形的电磁波形式发送出去。

2.

但这些电磁波无法传播很远的距离，因此需要一些特殊设备来辅助。这就是通信基站的作用所在。通信基站接收到你手机发出的电磁波信号后，会将其转换成其他形式的信号，并通过地下的光缆发送至离朋友最近的基站。

3.

随后，基站将信号重新转换为电磁波，并将之发送到朋友的手机上。在朋友的手机上，电磁波被转换成声音。

电话的发展

自亚历山大·格拉汉姆·贝尔发明电话，到如今智能手机被广泛使用，电话在百年间经历了多次蜕变。

20 世纪初

“烛台”电话

20 世纪 30 年代

带旋转拨号盘的电话

20 世纪 60 年代

带按键拨号盘的电话

20 世纪 70 年代

轻便的壁挂电话

1973 年

世界上第一部手机诞生

20 世纪 80 年代

无绳电话

首款彩色显示屏手机在 1997 年推出时，仅能支持显示四种颜色——红色、绿色、蓝色以及提供屏幕背景的白色。

20 世纪 90 年代

手机问世不久后，带有显示屏的新型手机迅速涌现。

踏入 21 世纪

手机已经小巧到可以放进衣服口袋。

翻盖手机风靡一时。

2007 年

第一部苹果手机开始发售，其设计影响了后续所有智能手机的设计。

互联网

我们每天都在使用互联网，但很少对它进行深入的思考。它让我们的沟通更为便捷，可以做很多不可思议的事情，比如和远在地球另一端的朋友视频通话，一起玩游戏，互相发送照片、电子邮件等。

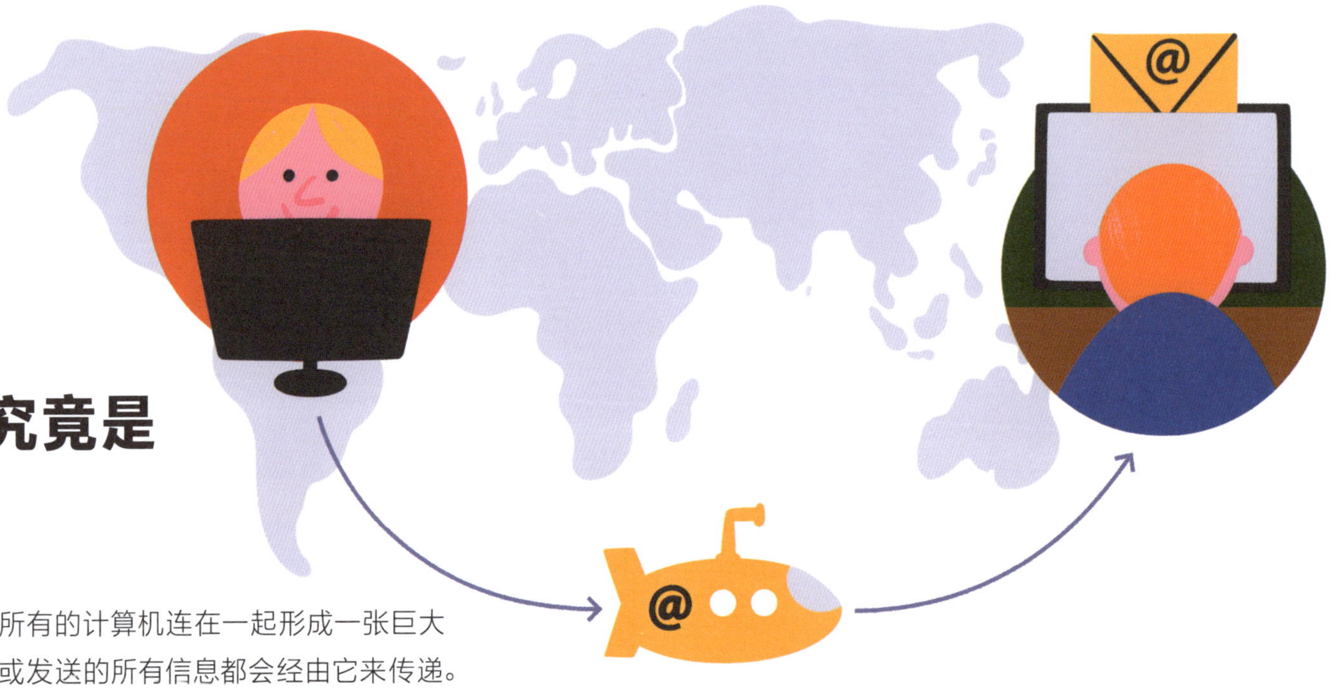

互联网究竟是什么？

想象全世界所有的计算机连在一起形成一张巨大的网，我们查看或发送的所有信息都会经由它来传递。这个计算机网络就被称为互联网。

万维网还是互联网？

这可能会让你感到惊讶，其实万维网和互联网并不是一回事。万维网是由包含不同内容的网站组成的网络，我们需要通过浏览器来搜索这些网站。你可以这样想象：互联网就像一条连接不同城市的道路，而网站只是沿途城市里的建筑或其他物体。万维网是互联网的一部分。

网络礼仪

让我们一起来看看网络世界的行为准则。

在分享内容之前，确保其准确性。

互联网上充斥着大量虚假和带有误导性的信息。因此，在分享任何内容之前，务必确保自己没有散布谎言或误导性信息。

尊重他人隐私。

牢记一点，有些人并不希望自己的个人信息被泄露到网络上。举例来说，有些人就不希望自己在人人都能看到的照片中被标记出来。

清晰、有礼貌地表达自己。

在发送信息前阅读一遍，以避免产生错误和引发误解。或许你有自己与朋友独特的交流方式，但这可能不适用于与其他人的交流。

当面说不出口的话，也不要在网上说。

要时刻记着，坐在屏幕另一端的人可能会因为你的言辞受到伤害，哪怕你原本的意图是好的。

警惕网络喷子！

要记得，互联网上有些人隐匿于虚假账号之后。他们的目的是散布虚假信息、攻击他人并煽动仇恨。我们把这些人统称为“网络喷子”或“网络巨魔”。为了应对这些攻击，有些人开始在网络上反击这些喷子。而这些反喷子的战士，被亲切地称为“精灵”。

沟通中的安全守则

有时，我们可能会在与他人沟通时感到不舒服。这可能是因为沟通出现了问题。以下这些建议，能帮助我们避免陷入困境。

我了解自己的真实感受，并且我可以表达出来。

如果我不喜欢正在发生的事情，我会大声说：“我不喜欢这样，请立即停止！”

有时，我需要一些独处的时间。当我有这样的需要时，我会想办法去实现。

我不需要把我所有的事都告诉别人。有些事情，还是只有自己知道为好。

虚假传闻

最近有一款全新推出的超级美味的冰激凌。

当别人告诉我一些事情时，我会批判性地思考：这些信息从何而来？我怎么判断它是真的？我信任的人，比如我的父母或老师，他们对此有什么看法？

安全上网

如今，我们在互联网上从事各种活动，因此学习一些上网规则显得尤为重要，这样，我们的网络交流才会更加安全。

下面这些规则并不能涵盖所有方面，所以，有必要与父母沟通，商议并确定更多的安全守则。

谨记**互联网不会遗忘**！你所分享的任何信息，一旦上传，将永远保留在网络上。

而且，**你发送的任何内容都不是绝对私密的**。即使是私人对话中的信息，也可能被其他人看到。

不要透露你的个人信息，或任何你不愿在公开场合展示的内容。

不要跟只在网上认识的人见面。

设置并使用密码，并且不要轻易告诉别人。

不要把所有时间都耗费在网络上。

如果在网络上发生令人不愉快的事情，不要害怕，可以向父母或亲人寻求帮助。

要不断了解新的网络安全知识，学会保护自己。

有用的知识

我们的行为往往展示出真实的情绪。情绪有时候的确会妨碍我们的沟通。尽管如此，它们是完全正常且自然的。如果我们能充分认识情绪，并知道如何处理它们，沟通就会容易得多。

我们的感受和情绪，无论是喜悦、愤怒还是失望，都是属于我们自己的一部分。而且它们是我们独有的。面对同样的情况，两个人可能会产生完全不同的情绪。情绪没有对错之分，重要的是我们如何表达。

这样做可不行！

这样做很棒！

当我们能准确说出自己的感受时，就更容易让别人了解我们的心情了。与此同时，这样也能培养我们的同理心，即理解自己和他人感受的能力。有时，描述自己的感受非常困难，所以练习一下，很有好处。

回答问题：
你能说出现在的感受吗？

你可能会体验到不同的情绪变化：

坚定　愉快　惊讶　喜悦　兴奋　满足　放松　好奇　心烦　生气　开心　孤独　悲伤　尴尬　失望　热情　不安　自在　困惑　无聊

冲突

有时我们和某些人相处得自然融洽。但有时，和一些人沟通起来就有困难，双方总是无法在任何事情上达成一致。这种情况虽然让人感到不愉快，但其实也是正常的。

冲突是什么？

当我们和另一个人因为想法和需求不同无法达成一致意见时，就出现了冲突。

首先

深呼吸让自己冷静下来，搞清楚自己当下的感受。

解决冲突

- 说出自己的感受，并询问对方的感受。
- 尽量避免评判或批评对方，试着去理解对方。
- 共同寻找解决方案。

要记住的有用事项

- 冲突是正常的，总会发生。关键在于我们如何妥善应对。
- 有时并不存在一个令双方都完全满意的解决方案。
- 误会是难免的，我们无法消除所有的误解。

冲突为何有用？

冲突为我们提供了一个机会来解决与他人的分歧，并改善彼此的关系。

沟通技巧

每个人都有自己独特的性格。有些人一有机会就会和其他人聊天，而有些人则喜欢独来独往。尽管如此，有一些基本的沟通技巧是我们所有人都应该了解的。掌握了这些技巧，我们就可以更好地与人相处。例如：

礼貌待人

展现最好的自己

清晰地表达你的想法

为自己的言行负责

能够做出妥协

坦诚表达自己的想法

在他人需要时在旁陪伴，倾听他们的心声。

有些沟通技巧，你可能自然而然就掌握了，而另一些可能需要多加练习。没关系，不要怕尝试，也不要担心犯错。无论是在沟通方面，还是其他各个领域，我们正是通过不断犯错，得以不断地学习和成长。

失败的沟通

1776 年

消息未读

特伦顿战役是美国独立战争中一场重要的战役，在这场战役中，美国人与英军统领下的德国雇佣兵展开了殊死搏斗。开战前，英军指挥官约翰·拉尔上校曾收到情报，情报显示美军正在向特伦顿进攻的路上。然而，他却把写着这重要情报的信随手塞进了口袋，然后……就忘记了! 夜幕降临，美军悄然接近了德国雇佣兵的营地。毫无防备的德国人被打了个措手不及，很快就被打败了。拉尔上校在袭击中丧生，而那封情报，还静静地躺在他的口袋里。

“泰坦尼克”号沉没

就在“泰坦尼克”号邮轮撞上冰山的前几秒钟，距离它最近的船只“加州人”号的无线电操作员刚刚结束工作，因此没有听到“泰坦尼克”号之后发出的求救信号。虽然“泰坦尼克”号的船员后来一次次发射了信号弹，可“加州人”号的船员并没有意识到那是求救信号。“泰坦尼克”号的沉没导致 1500 多人丧生，仅有 705 名乘客幸免于难。如果那艘邻近的船只能够及时赶来救援，可能会有更多遇难者得以生还。

1999 年

“火星气候探测者”号的毁灭

“火星气候探测者”号航天器被送往火星，收集关于火星气候的重要信息。但出于当时无法解释的原因，它飞得过于靠近火星的大气层因而解体。后来经过调查发现，该航天器的飞行控制系统使用英制单位计算推力，而地面计算机的轨道预测模型却使用了公制单位。这一沟通上的重大疏漏给美国航空航天局造成了高达 1.25 亿美元的经济损失。

成功的沟通

温顿的孩子

在第二次世界大战期间，尼古拉斯·温顿爵士成功拯救了669名犹太儿童，使他们免遭纳粹集中营中毫无人性的屠杀。温顿不仅为这些孩子办理了签证，还为他们找到了寄养家庭，并精心组织了转运计划。最终，八列火车从布拉格驶出，穿越战火，将他们送到了安全地带。

1939 年

1969 年

登陆月球

对于这次伟大的壮举，全球几乎所有的广播电台和电视台都进行了直播。从未有过如此多的人，同时聚焦一个事件。在整个任务中，“阿波罗 11”号的宇航员们始终与地球保持通信，让全球观众能实时了解他们的进展。有史以来，人类第一次踏上了月球的表面……而地球上的人们，共同见证了这一激动人心的时刻！

智利矿井坍塌

在智利的圣何塞铜矿，33名矿工因岩崩事故被困在地下深处。地面上的人们，大多认为他们生还的希望渺茫。然而，被困了整整17天的矿工们，竟然设法将一封手写的求救信绑在探寻他们的钻机上，成功地将消息传递到了地面。救援行动随即迅速展开，食品和物资被源源不断地送到地下。救援队伍耗费了约70天的时间，才将所有矿工从地下救出。

2010 年

图书在版编目（CIP）数据

你说什么？：沟通与理解之书 /（捷克）拉德卡·皮罗著；（法）夏洛特·莫拉斯绘；王杰珍译．-- 北京：科学普及出版社，2025. 1. -- ISBN 978-7-110-10895-6

Ⅰ. C912.11-49

中国国家版本馆 CIP 数据核字第 2024MF0630 号

策划编辑	李世梅　郭春艳
责任编辑	郭春艳
封面设计	巫　粲
责任校对	张晓莉
责任印制	李晓霖
出　　版	科学普及出版社
发　　行	中国科学技术出版社有限公司
地　　址	北京市海淀区中关村南大街 16 号
邮　　编	100081
发行电话	010-62173865
传　　真	010-62173081
网　　址	http://www.cspbooks.com.cn
开　　本	889mm × 1194mm　1/12
字　　数	100 千字
印　　张	$4\frac{2}{3}$
版　　次	2025 年 1 月第 1 版
印　　次	2025 年 1 月第 1 次印刷
印　　刷	北京瑞禾彩色印刷有限公司
书　　号	ISBN 978-7-110-10895-6 / C · 107
定　　价	62.00 元

（凡购买本社图书，如有缺页、倒页、脱页者，本社销售中心负责调换）